AF457454

7 Février 1881. 11

CATALOGUE

DE

BELLES TAPISSERIES

Des Époques Louis XIII et Louis XIV

Rideaux, Portières et Tapis de table en tapisserie au point;
Beau Lit de style Louis XIII garni de tapisserie au point;
Suite de **trois belles Tapisseries** à sujets mythologiques;
Huit autres belles Tapisseries à personnages mythologiques dans des paysages;
Tapisseries verdure avec bordures;
Beau Meuble de salon couvert en Tapisserie de Beauvais;
Sièges Louis XIII et Louis XIV couverts en tapisserie; Étoffes anciennes;
Meubles en bois sculpté et autres; Colonnes en marbre et en bois sculpté;
Statuette en marbre blanc, par d'EPINAY; Faïences de Delft montées et non montées;
Faïences diverses; Porcelaines; Bronzes; Objets variés.

TABLEAUX MODERNES

DONT LA VENTE AURA LIEU

POUR CAUSE DE DÉPART

HOTEL DROUOT, SALLE N° 8,

Les Lundi 7 et Mardi 8 Février 1881

A DEUX HEURES.

Par le ministère de Me **CHARLES PILLET**, Commissaire-Priseur,
10, rue de la Grange-Batelière,

Assisté de **M. CHARLES MANNHEIM**, Expert en Objets d'art, 7, rue Saint-Georges,

Et de **M. GEORGES PETIT**, Expert en Tableaux modernes, 7, rue Saint-Georges,

Chez lesquels se trouve le présent Catalogue.

EXPOSITIONS : { PARTICULIÈRE : le Samedi 5 Février 1881.
PUBLIQUE : le Dimanche 6 Février 1881.

De une heure à cinq heures.

DÉSIGNATION DES OBJETS

TAPISSERIES

1 à 3 — Suite de trois belles tapisseries de Bruxelles, formant panneaux, représentant des sujets mythologiques, signées Vanderborcht. Époque Louis XIV :

1° Thétis, fille de Nérée, apporte à son fils Achille le bouclier et la cuirasse qu'elle a fait forger par Vulcain. Elle est accompagnée de naïades et d'enfants montés sur des dauphins.

Haut., 3 m. 15 cent.; larg., 3 m. 35 cent.

2° Achille, assis à l'écart près du rivage, pleure le départ de la belle Briséis. Il implore sa mère Thétis, qui, comme un nuage sort des flots blanchissants, s'assied auprès de lui et tâche de le consoler.

Haut., 3 m. 15 cent.; larg., 3 m. 35 cent.

3° Ulysse et Ajax se disputent le bouclier d'Achille en présence de héros et de divinités de la fable.

Haut., 3 m. 15 cent.; larg., 5 m. 25 cent.

4 à 11 — Huit belles tapisseries du temps de Louis XIII, à paysages et sujets mythologiques à petits personnages

CONDITIONS DE LA VENTE

Elle sera faite au comptant.

Les adjudicataires payeront *cinq pour cent* en sus des enchères

L'exposition mettant le public à même de se rendre compte de l'état des objets, il ne sera admis aucune réclamation une fois l'adjudication prononcée.

Paris. — Typ. PILLET et DUMOULIN, 5, rue des Grands-Augustins

DÉSIGNATION DES OBJETS

TAPISSERIES

1 à 3 — Suite de trois belles tapisseries de Bruxelles, formant panneaux, représentant des sujets mythologiques, signées Vanderborcht. Époque Louis XIV :

1° Thétis, fille de Nérée, apporte à son fils Achille le bouclier et la cuirasse qu'elle a fait forger par Vulcain. Elle est accompagnée de naïades et d'enfants montés sur des dauphins.

Haut., 3 m. 15 cent.; larg., 3 m. 35 cent.

2° Achille, assis à l'écart près du rivage, pleure le départ de la belle Briséis. Il implore sa mère Thétis, qui, comme un nuage sort des flots blanchissants, s'assied auprès de lui et tâche de le consoler.

Haut., 3 m. 15 cent.; larg., 3 m. 35 cent.

3° Ulysse et Ajax se disputent le bouclier d'Achille en présence de héros et de divinités de la fable.

Haut., 3 m. 15 cent.; larg., 5 m. 25 cent.

4 à 11 — Huit belles tapisseries du temps de Louis XIII, à paysages et sujets mythologiques à petits personnages

encadrées de riches bordures à cariatides et guirlandes de fleurs.

Haut., 4 m. 10.; larg., 6 m. 5 m. 85 cent.; 5 m. 4 m. 50 cent.; 4 m. 50 cent.; 3 m. 90 cent.; 3 m. 80 cent. et 3 m. 50 cent. env.

Elles seront vendues séparément.

12 — Quatre rideaux, deux portières et six bandes de tapisserie au petit point à groupes de fruits et de fleurs sur fond brun. Époque Louis XIII. Les rideaux et les portières sont en imberline verdâtre sur laquelle les bandes sont appliquées. Les bandes sont au nombre de seize et forment un ensemble d'environ 60 mètres de longueur.

13 — Écran en tapisserie au point du temps de Louis XIV représentant le triomphe d'Arianne. Monture en bois sculpté.

14 — Tapisserie représentant un paysage avec figures dans le goût de Teniers. Bordure composée d'ornements feuillagés.

15 — Feuille d'écran en tapisserie au point représentant un groupe de divinités de la fable. Époque Louis XIV.

16 — Deux portières formant une tapisserie verdure avec encadrement de fleurs et d'ornements.

17 — Portière en tapisserie décorée de figures de guerriers.

18 — Beau lit de style Louis XIII à montants et baldaquin garnis en soie groseille et enrichi de six rideaux et de pentes haut et bas, en tapisserie au point à fleurs et

ornements. Les angles supérieurs sont ornés de vases en passementerie.

19 — Coussin en tapisserie à sujet de personnages encadré de fleurs sur fond noir. Époque Louis XIII.

20 — Tapis de table en tapisserie au point à dessin de fleurs, vases et ornements sur fond noir. Époque Louis XIII.

21 — Deux rideaux noirs garnis de larges bandes de tapisserie à fleurs.

22 — Deux lambrequins formés de bandes de tapisserie à fleurs et fruits.

23 — Bande de cheminée en tapisserie à fleurs, fruits et ornements sur fond noir, accompagnée de deux rideaux en drap brun.

24 — Joli écran de style Louis XIV en bois sculpté garni d'une feuille en tapisserie au point de l'époque Louis XIV rehaussée d'argent à dessin dans le goût de Bérain.

25 — Deux garnitures de croisées formées de larges bandes de tapisserie à cornes d'abondance, fleurs et fruits, du temps de Louis XIV et rideaux en peluche grenat.

26 — Tapis de table de forme carrée en tapisserie, à groupes de fruits et ornements sur fond noir et jaune, avec bordure de passementerie et effilé rosé. Fin XVIe siècle.

27 — Tapis de table en tapisserie au point à carré à fond blanc et large bande d'ornements à fond noir. Fin XVIe siècle.

28 — Dix portières en tapisserie à armoiries encadrées d'ornements et de trophées d'armes.

29 — Portière formée d'une tapisserie verdure avec paon au premier plan.

30 — Lambrequin formé de deux belles bandes de tapisserie du temps de Louis XIV.

31 — Garniture de cheminée composée d'un large bandeau et de deux bandes en hauteur en tapisserie au point à fleurs et rinceaux sur fond brun.

32 — Deux portières formant une tapisserie verdure enrichie d'oiseaux ; ces portières sont encadrées d'une très jolie frange de soie ancienne.

33 — Tapisserie verdure formant portière.

34 — Lambrequin composé d'un large bandeau en tapisserie à festons de fleurs et de fruits. Il est garni d'une frange à sa partie inférieure.

35 — Tapisserie verdure avec bordure composée d'ornements.

36 — Trois dessus de coussins en drap noir brodé à figures, fleurs et papillons. Époque Louis XIII.

37 — Deux belles portières non montées, en tapisserie au petit point à sujets mythologiques dans des médaillons et ornements sur fond noir. Époque Louis XIV.

38 — Beau tapis de table en tapisserie au point à rosaces en soies de couleurs sur fond jaune d'or. Il est garni d'une jolie frange de soie.

39 — Devant d'autel richement brodé à rinceaux et corbeille de fruits en soies de couleurs. Travail italien du XVIIe siècle.

40 — Portière à fond de soie jaune décorée d'applications de broderies en soies de couleurs et portant en outre le double aigle de l'empire. L'encadrement est en tulle brodé.

41 — Grande et belle portière composée d'une tapisserie verdure avec large bordure composée de cornes d'abondance, de groupes de fruits et de fleurs et d'un encadrement en reps brun avec frange.

42 — Tapisserie verdure avec encadrement composé de fleurs et d'ornements.

43 — Jolie tapisserie à paysage avec fleurs et oiseaux et bordure composée d'ornements.

44 — Tapisserie à personnages et large bordure à médaillons, bustes, fleurs et ornements. Époque Louis XIV.

45 — Grand tapis en tapisserie au point à fond noir décoré de rinceaux et de figures avec médaillon ovale au centre. Époque Louis XIV.

46 — Dessus de porte en tapisserie de Beauvais à petits personnages.

47 — Tapisserie verdure sans bordure.

SIÈGES

COUVERTS EN TAPISSERIES

48 — Beau meuble de salon en bois de noyer sculpté, de style Louis XVI, couvert de belles et anciennes tapisseries de Beauvais, à sujets champêtres comme dossiers, et fables de La Fontaine comme sièges. Il se compose d'un canapé et de huit fauteuils.

49 — Deux grands fauteuils de style Louis XIV, en bois sculpté, couverts de tapisseries au point à sujets de personnages, fleurs et animaux.

50 — Grand fauteuil en bois sculpté du temps de Louis XIV, couvert en tapisserie au point, à sujet de personnages, fleurs et ornements.

51 — Fauteuil à dossier élevé en bois sculpté, couvert en tapisserie au point, à figures de danseurs et ornements variés. Époque Louis XIV.

52 — Deux chaises Louis XIV, en bois sculpté, couvertes en tapisserie, à fleurs et fruits sur fond brun.

53 — Deux chaises semblables, couvertes en tapisserie à larges fleurs sur fond vert.

54 — Joli fauteuil Louis XIV, en bois sculpté, couvert en tapisserie au petit point à figures de danseurs dans un paysage encadré d'ornements, sur fond ponceau.

55 — Tabouret sur pieds de noyer tourné, couvert d'une broderie sur fond noir, représentant un sujet biblique encadré de fleurs.

56 — Quatre grands fauteuils Louis XIII couverts en tapisserie au point, décoré de plumes sur fond noir.

57 — Deux jolis fauteuils du temps de Louis XIV; en bois sculpté, couverts en tapisserie à fond jaune et larges fleurs en couleurs.

58 — Grande banquette en bois sculpté couverte de bandes de tapisserie au point, à fleurs, fruits et oiseaux sur fond noir.

59 — Dix-huit chaises de salle à manger de style Louis XIII couvertes en broderies au point de Hongrie à bâtons rompus jaunes et verts. Ce lot sera divisé.

60 — Grand fauteuil Louis XIII, à bras et traverses en bois tourné et tords, couvert en tapisserie au point, à fond jaune.

61 — Chaise longue du temps de Louis XIII, en bois sculpté, couverte en tapisserie au point, à fleurs et ornements sur fond noir. Elle est accompagnée d'un coussin en peluche rouge.

62 — Chaise en bois tourné couverte en velours genre Gênes à fleurs sur fond blanc.

63 — Quatre chaises à dossier élevé, couvertes en tapisserie au point, à dessins variés.

SIÈGES DIVERS

64 — Deux fauteuils en bois sculpté dans le style de la Renaissance, couverts en velours frappé à rosaces, l'un grenat et l'autre havane.

65 — Tabouret en bois sculpté, du temps de Louis XIV, couvert en velours de Gênes ponceau.

66 — Deux divans couverts de tapis d'Orient.

67 — Grand divan composé également de tapis d'Orient.

ÉTOFFES

68 — Garniture de cheminée composée d'un bandeau et de deux rideaux à bandes de rinceaux et d'ornements brodés au point de Hongrie, et en couleurs, sur fond blanc. Ces bandes sont appliquées sur de l'imberline de soie vert olive.

69 — Joli petit paravent à quatre feuilles, décorées de bandes de rinceaux brodés en couleurs, sur fond de tulle noir, le tout encadré de peluche vert olive. Les bandes brodées, sont de travail italien, de la fin du XVIe siècle.

70 — Joli petit tapis de table composé de bandes de tulle écru brodées à rinceaux en soie de couleur. XVIe siècle.

morceau de
71 — Tapis persan brodé décoré de rinceaux sur fond jaune et de médaillons et de bandes d'encadrement à fond bleu. 200 109

72 — Tapis turc à quadrillages sur fond bleu. — 100 80

73 — Tapis de prière à fond rouge. — 75

74 — Tapis persan décoré d'ornements en couleurs sur fond bleu et ponceau alternant.

75 — Tapis de table en tissus à fond brun, et décoré d'ornements variés. 100 25 Mme Cam

76 — Tapis de table en velours vert uni, avec frange à effilés grenat. 120

77 — Tapis de table analogue à celui qui précède. — 120 145

78 — Coussin couvert en velours grenat avec frange noire. ~~120~~ 37

79 — Petit tapis bordé de quatre bandes de tulle brodées à ornements en soie de couleurs. Travail italien. 150

80 — Six paires rideaux de vitrage en guipure. — 400 345 Mme Cam

MEUBLES EN BOIS SCULPTÉ

81 — Grand coffre ou bahut en bois sculpté, à colonnettes aux angles et panneau décoré de figures couchées. Il est accompagné d'un tapis en velours grenat avec frange jaune d'or. 400 250

SR tapis fond vert dessin jaune paille — 360
120
SR une bande point de Hongrie jaune d'or — 100

82 — Coffre analogue à celui qui précède, mais un peu moins grand. Il est également accompagné d'un tapis en peluche grenat avec passementerie jaune.

83 — Petite table carrée en bois de noyer sur pieds tournés, le dessus en faïence de style italien et de la Renaissance.

84 — Grand coffre ou bahut en bois sculpté. Il offre sur sa face, dans un médaillon, la figure de Judith à demi couchée. Travail italien du XVIe siècle. Il est accompagné d'un petit tapis brodé au point de Hongrie.

85 — Grande table carrée, sur pieds à colonnes, en bois de noyer, dans le style du XVIe siècle.

86 — Deux colonnes corinthiennes en bois sculpté. XVIIe siècle.

87-88 — Quatre colonnes analogues à celles qui précèdent.

89 — Table Henri II à colonnes cannelées, et entrejambes avec tapis en drap brun et passementerie veloutée.

90 — Table Louis XIII à pieds et entrejambes en bois tors.

91 — Coffre rectangulaire en marqueterie de bois à cariatides et ornements. Il est supporté par quatre griffes de lion en bois sculpté. Travail italien du XVIe siècle.

92 — Grand meuble hollandais fermant à deux portes, en bois de diverses nuances, et colonnettes et mascarons sculptés.

93 — Meuble analogue à celui qui précède.

94 — Miroir rectangulaire à biseaux avec cadre en bois sculpté, à figures et ornements. Travail italien du XVIIe siècle.

95 — Table de nuit en bois sculpté de style Renaissance.

96 — Console de suspension en bois sculpté, à tête de chérubin et ornements. Époque Louis XIV.

97 — Table de salle à manger de forme ovale, à rallonges et pouvant être rendue carrée, sur pieds à colonnes en bois sculpté de style Renaissance.

98 — Table rectangulaire, à pieds à colonnes, de style Renaissance.

99 — Table rectangulaire à pieds tournés reliés par un entrejambes à X, de style Renaissance.

100 — Table analogue à celle qui précède.

MEUBLES

101 — Grande pendule de style Louis XIV, en marqueterie de cuivre et écaille, garnie de bronze à cariatides, pieds formés de chevaux couchés et surmontée d'une Renommée.

102 — Meuble d'entre-deux à hauteur d'appui de style Louis XIV, en bois noir garni de bronze doré, et à trois portes vitrées.

103 — Grand lustre en verre de Venise à vingt-quatre lumières, décoré de fleurs en verre de couleurs.

104 — Table de milieu en bois noir incrusté de filets de cuivre et sur pieds à colonnes, garnis de modillons en cuivre doré reliés par un entrejambes.

105 — Cabinet plaqué d'écaille rouge avec rosace d'ivoire incrustée. Il repose sur une table à colonnes à balustres en bois noir, avec clous de cuivre et mufles de lion sculptés. Époque Louis XIII.

106 — Très petit cabinet en bois noir avec porte à abattant. Époque Louis XIII.

107 — Quatre colonnettes en marbre noir antique, avec embases et moulures en bronze doré.

108 — Grand paravent à quatre feuilles, garni de cuir de Cordoue à dessin doré. Époque Louis XIV.

109 — Miroir carré à biseaux, avec cadre à moulures guillochées, en bois noir de style Louis XIII.

110 — Petit miroir de style Louis XIII, avec cadre en glace, moulures en bois noir et appliques en cuivre estampé.

111 — Piano mécanique de Debain, avec caisse en palissandre.

SCULPTURES

112 — Marbre blanc. — Jolie figure grandeur demi-nature, par d'Épinay. Jeune fille avant le bain. 3500 4100

113 — Bois. — Bas-relief représentant des jeux d'enfants. Époque Louis XIV. 100 215

114 — Bois. — La Vierge et l'Enfant Jésus, petit groupe placé sous un petit monument à colonnettes corinthiennes. 150 75

FAIENCES DE DELFT

115 — Deux lampes de Gagneau montées dans des potiches ovoïdes en ancienne faïence de Delft; décor bleu à fleurs et oiseaux. Elles sont garnies de montures de style chinois en bronze noir et or.

116 — Garniture de cinq pièces : potiche, cornets et bouteilles en ancienne faïence de Delft, décor bleu à fleurs.

117 — Deux cornets en faïence de Delft, décor polychrome à fleurs et oiseaux.

118 — Vase forme Médicis à deux anses, en faïence de Delft, décor bleu à fleurs, oiseaux et enfants.

119 — Deux lampes de Gagneau montées dans des vases en faïence de Delft à décor bleu. Elles sont garnies de montures en bronze noir et or.

120 — Deux potiches ovoïdes à pans et à couvercles en ancienne faïence de Delft à décor bleu, de style japonais.

121 — Deux potiches à couvercle en ancienne faïence de Delft, décorées d'arbustes en bleu sur blanc.

122 — Garniture de cinq pièces : potiches et cornets à pans et à côtes, en ancienne faïence de Delft à décor bleu.

123 — Deux potiches ovoïdes à couvercle, décor polychrome à fleurs et oiseaux.

124 — Deux potiches ovoïdes et à pans en ancienne faïence de Delft à décor bleu, à médaillons de fleurs et d'oiseaux.

125 — Bouteille de même faïence, décorée de fleurs et d'ornements.

126 — Trois vases : potiche et deux cornets en vieux Delft, décorés de fleurs et d'oiseaux en camaïeu bleu.

127 — Deux plaques en faïence de Delft à sujet de personnages en bleu au centre, et encadrement polychrome.

128 — Flacon à thé de forme carrée, à décor bleu.

129 — Assiette décor polychrome : corbeille de fruits.

FAIENCES DIVERSES

130 — Plat hispano-mauresque à décor à reflets métalliques. Avec cadre en bois noir et filets dorés.

131 — Plat hispano-mauresque analogue à celui qui précède.

132 — Salière de forme monumentale en faïence d'Urbino.

133 — Deux assiettes en faïence de Milan, décorées de figures grotesques en couleurs.

134 — Grand encrier en faïence de Rouen à bouts arrondis et à tablier, surmonté d'un chien couché, décor bleu et brun.

135 — Jardinière ronde et évasée à deux anses en ancienne faïence de Nevers à décor bleu.

136 — Grande jardinière de forme évasée à deux anses en ancienne faïence de Nevers, décor bleu de style chinois à paysages et figures.

137 — Encrier en faïence composé d'ornements rocaille et de fleurs et surmonté d'un groupe, personnage assis et chien.

138 — Assiette en ancienne faïence de Moustiers, décor polychrome à figures dans le goût de Callot.

139 — Assiette en faïence de Moustiers à décor bleu, rouge et jaune.

PORCELAINES

140 — Écuelle avec couvercle et plateau en ancienne porcelaine de Vienne, décorée d'oiseaux et bords à imbrications bleues.

141 — Assiette en ancienne porcelaine de Vienne, décorée au centre d'un écusson soutenu par un lion.

142 — Cinq figurines en porcelaine de Saxe ou de Berlin.

143 — Deux assiettes en ancienne porcelaine de Tournay, décorées de marines en camaïeu carmin.

144 — Tasse et soucoupe en vieux Saxe, décor de style chinois à personnages.

145 — Théière en ancienne porcelaine de Tournay, décorée de sujets militaires.

146 — Flacon à thé de forme carrée, décoré de paysages en camaïeu carmin.

147 — Deux compotiers en ancienne porcelaine de Chine, décorés d'armoiries et d'ornements.

148 — Deux assiettes de même porcelaine, décorées de larges écussons armoriés et d'ornements émaillés en couleurs et or.

149 — Deux assiettes en vieux Japon à décor en bleu, rouge et or.

150 — Deux jolis petits vases de forme ovoïde allongée en ancienne porcelaine de Chine, décorés en émaux de la famille verte à figures de femmes et attributs. Ils sont montés en bronze doré.

151 — Deux flambeaux en ancienne porcelaine de Chine à décor bleu.

152 — Deux flambeaux analogues à ceux qui précèdent.

153 — Deux petits vases ovoïdes en ancienne porcelaine de Chine, décor bleu à fleurs et garnis d'une monture en bronze doré.

BRONZES

154 — Garniture de cheminée composée d'une grande pendule et de deux candélabres à groupe et figures en bronze dans le goût de Clodion, sur socles en marbre griotte garnis en bronze doré. Les candélabres sont à dix lumières chacun.

155 — Deux grands flambeaux de la fin du XVIe siècle en bronze composés chacun d'une figure debout portant une corbeille de fleurs et reposant sur de larges plateaux ronds dont les moulures ne sont pas semblables.

156 — Deux chenets de style Louis XIII en cuivre poli, modèle à boules côtelées et à mascarons.

157 — Deux flambeaux Louis XIII en cuivre poli.

158 — Lustre flamand en cuivre poli à douze lumières et à boule.

159 — Belle suspension de salle à manger de style Louis XIII en cuivre poli à seize branches porte-lumière et une lampe. Cette pièce sort des ateliers de la maison Gagneau.

160 — Deux flambeaux à côtes en cuivre argenté. Époque Louis XV.

161 — Cinq appareils avec lampes Gagneau pour l'éclairage des tableaux.

OBJETS VARIÉS

162 — Petit vidrecome en argent ciselé et doré décoré de cariatides et d'ornements dans le style de la Renaissance.

163 — Canne à manche en ivoire sculpté représentant une nymphe puisant de l'eau.

164 — Petit groupe en ivoire : Henri IV et Sully. Travail de Dieppe.

165 — Deux salières en argent ornées de figurines de satyres.

166 — Verre gravé sur pied en argent ciselé à figures et accompagné d'une cuiller en argent.

167 — Quatre volumes : Mœurs, usages et costumes au moyen âge et à l'époque de la Renaissance ; vie militaire au moyen âge et à l'époque de la Renaissance, etc., par Paul Lacroix.

TABLEAUX MODERNES

AUBRY

168 — Une Rue du vieux Paris.

Haut., 27 cent.; larg., 21 cent.

AUBRY

169 — Le Vieux Paris.

Haut., 28 cent.; larg., 21 cent.

BRACKELEER

170 — Jalousie.

Haut., 31 cent.; larg., 40 cent.

BROWN (J. LEVIS)

171 — Officiers de cavalerie en reconnaissance.

Haut., 19 cent.; larg., 12 cent.

CAROLUS (J.)

172 — Jeune Femme effeuillant une marguerite.

Haut., 67 cent.; larg., 46 cent.

CAROLUS (J.)

173 — Visite chez un marchand de curiosités.

Haut., 83 cent.; larg., 98 cent.

CHAPLIN

174 — La Partie de loto.

Haut., 1 m. 20 cent.; larg., 92 cent.

COCK (CÉSAR DE)

175 — Laveuses sous bois.

Haut., 47 cent.; larg., 67 cent.

COCK (CÉSAR DE)

176 — Paysage.

Aquarelle.

COCK (CÉSAR DE)

177 — Bords de rivière.

Aquarelle.

VERBŒCKHOVEN (EBELER EUG.)

178 — Vaches et moutons sous bois.

Haut., 83 cent.; larg., 1 m. 03 cent.

GABRIEL (F.)

179 — Bords de rivière.

Haut., 30 cent.; larg., 50 cent.

GARCIA MALO

180 — L'Allée.

Haut., 60 cent.; larg., 58 cent.

GASSER (L.)

181 — Méditation.

Haut., 1 m. 25 cent.; larg., 90 cent.

GROSSOR (DE)

182 — Jeune Femme se mirant dans une glace.

Haut., 20 cent.; larg., 15 cent.

GROSSOR (DE)

183 — Femme en peignoir.

Haut., 20 cent.; larg., 15 cent.

GUDIN (attribué à)

184 — Marine.

Haut., 48 cent.; larg., 75 cent.

HUBERT

185 — Paysage.

Haut., 39 cent.; larg., 28 cent.

KUWASSEG (fils)

186 — Le Port d'Anvers.

Haut., 92 cent.; larg., 72 cent.

LAMBRON

187 — Un Incroyable.

Haut., 39 cent.; larg., 24 cent.

LAMY (EUG.)

187 *bis* — Un Incroyable.

Aquarelle.

LEMATTE (F.)

188 — Une Marchande de fleurs,

Haut., 65 cent.; larg., 37 cent.

LENOIR

189 — Un Canal en Hollande.

Haut., 14 cent.; larg., 27 cent.

LINDER

190 — Deux Dessins rehaussés de blanc.

PICHAT

191 — Dragon conduisant son cheval par la bride.

Haut., 21 cent.; larg., 26 cent.

PONS

192 — L'Éclat de rire.

Haut., 13 cent.; larg., 15 cent.

RENARD (E.)

193 — L'École buissonnière.

Haut., 60 cent.; larg., 87 cent.

ROUSSEAU (PHILIPPE)

194 — Fruits et légumes.

Haut., 48 cent.; larg., 65 cent.

ROYBET

195 — Gentilhomme Louis XIII tenant un lévrier en laisse.

Haut., 1 m. 48 cent.; larg., 85 cent.

VEYRASSAT

196 — Chevaux de halage.

Haut., 23 cent.; larg., 34 cent.

INCONNU

197 — Paysage.

Haut., 25 cent.; larg., 38 cent.

INCONNU (ancien)

198 — Portrait d'homme.

Haut., 38 cent.; larg., 30 cent

INCONNU (ancien)

199 — Portrait de femme.

Haut., 38 cent.; larg., 30 cent.

INCONNU

200 — Dessous de bois

Haut., 34 cent.; larg., 24 cent.

INCONNU

201 — Incendie en mer.

Haut., 23 cent.; larg., 30 cent.

VERWEE

202 — L'Éducation du Caniche.

Haut., 73 cent.; larg., 47 cent.

www.ingramcontent.com/pod-product-compliance
Ingram Content Group UK Ltd.
Pitfield, Milton Keynes, MK11 3LW, UK
UKHW020525180726
13839UKWH00005B/2315